AF561126

40560

M. L'ABBÉ ARNOULD

CHANOINE HONORAIRE
ANCIEN DIRECTEUR DE LA PENSION NOTRE-DAME

(1818-1891)

M. L'ABBÉ ARNOULD

CHANOINE HONORAIRE

ANCIEN DIRECTEUR DE LA PENSION NOTRE-DAME

Le lundi 9 novembre, le clergé châlonnais, à la tête duquel s'étaient placés MM. les vicaires-généraux et MM. du Chapitre, et les paroissiens de l'église Notre-Dame en grand nombre célébraient les obsèques de M l'abbé Arnould, chanoine honoraire, ancien directeur de la pension Notre-Dame. C'était le dernier survivant des collaborateurs dévoués dont s'était entouré M. l'abbé Champenois pour la direction de sa paroisse et des œuvres qu'il y avait fondées.

M. l'abbé Guérin avait été appelé par Dieu le premier ; M. l'abbé Champenois l'avait suivi aux premiers jours de l'invasion prussienne, puis M. Terriez, cet auxiliaire si dévoué dans la décoration de l'église Notre-Dame. Ainsi nous allons, l'un après l'autre, vers Dieu, notre Père, à cet éternel rendezvous dont la perspective nous console dans les amertumes de la vie présente et les tristesses de la séparation.

M. l'abbé Arnould était né le 18 août 1818, à Saint-Remy-sur-Bussy, dans cette paroisse restée si fertile en vocations ecclésiastiques. Une autre vocation, celle de l'enseignement de la jeunesse, se manifesta chez lui de bonne heure : ses goûts sérieux étaient loin d'y contredire. Il entra à l'Ecole normale de Châlons, d'où il sortit avec le brevet supérieur, alors fort difficile à obtenir. Sa maturité précoce, plus encore que son brevet, le recommanda à M. l'abbé Champenois. M. le curé fit de M. Arnould le directeur de la pension qu'il venait d'ouvrir. La confiance des parents eut bientôt consacré ce choix ; les enfants affluaient à la pension Notre-Dame : on savait à quelles mains fermes et chrétiennes ils étaient confiés.

Au milieu des travaux incessants de l'enseignement, Dieu fit entendre sa voix au directeur de la pension Notre-Dame : *Ascende superius*, « Montez plus haut », lui dit le Seigneur, lui montrant les grandeurs du sacerdoce comme la faveur dont il voulait l'honorer, comme le moyen de servir plus utilement les âmes dans l'état qu'il avait embrassé, et où il devait demeurer.

A l'exemple de saint Ignace de Loyola, M. Arnould, malgré son âge relativement avancé, se mit à l'étude du latin avec cette persévérance qu'il mettait en toutes choses, et qui est le meilleur gage du succès. M. l'abbé Oudin, alors professeur de rhétorique au petit séminaire de Saint-Memmie, et récemment décédé archiprêtre de Vitry, se fit obligeamment son maître. Assidu à ses leçons, laborieux, intelligent, l'élève prit en peu d'années la connaissance de la langue latine nécessaire au prêtre, et, en 1848, il entra au séminaire de Saint-Sulpice à Issy pour y faire son cours de philosophie. L'année d'après, il passait au séminaire de Paris où il commençait sa théologie. En 1852, le 5 juin, M. Arnould reçut l'ordre sacré de la prêtrise, à Paris, la veille de la Sainte-Trinité.

Il y a quelques jours, au moment où notre cher mourant était recommandé aux prières du séminaire de Saint-Sulpice, le vénérable Supérieur général, M. Icard, le seul survivant des maîtres vénérés de ce cher confrère, se rappelait encore l'élève régulier et édifiant qu'il avait connu, plus de quarante ans auparavant, dans la personne de M. l'abbé Arnould.

Le lendemain de son ordination, après sa première messe célébrée à Saint-Sulpice, jetant sur le papier les impressions de cette mémorable journée, il écrivait : « J'ai été inspiré, à ma « première messe, de demander surtout à Dieu la grâce d'être « fidèle à célébrer tous les jours, et avec une foi de plus en « plus vive ; de ne jamais être un sujet de scandale pour les « fidèles en une si sainte action ; de faire de Jésus au Saint-« Sacrement le centre de toutes mes affections, de tous mes « désirs, de toute ma vie, en un mot. » Ceux qui ont vécu près de M. Arnould, savent avec quelle fidélité il observa l'engagement du jour de sa première messe.

Peu de temps après sa promotion à la prêtrise, M. Arnould revint à Châlons ; il reprit, avec une ardeur nouvelle et une grâce nouvelle aussi, la direction de sa chère pension. Corps et âme, il se voua tout entier à l'éducation et à l'instruction de ses élèves. Dans cette carrière de sacrifice, il s'était proposé d'imiter le bienheureux de la Salle, ce parfait modèle de l'instituteur chrétien ; il s'était mis sous sa protection spéciale au jour de son ordination. Levé le premier, couché le dernier, il était à tout et à tous dans sa maison. Cours particuliers, surveillance des études, visite des dortoirs au milieu de la nuit, rien n'était négligé pour assurer le travail et garder l'innocence de ses élèves. Leur bien-être n'était pas davantage oublié : on le voyait descendre aux moindres détails pour le leur procurer. Il croyait toujours n'en pas faire assez, ardemment désireux de répondre à la confiance des parents et d'accomplir la grande mission dont il s'était chargé : des enfants qu'il avait sous sa garde, faire des hommes et des chrétiens, c'était sa véritable ambition.

Peu de maîtres, aujourd'hui surtout, ont l'autorité que M. Arnould exerçait sur ses élèves. Sa seule présence à la salle d'étude suffisait à contenir dans le silence les plus étourdis et à les forcer au travail. Quand il était là, pas un bruit dans la salle, pas une tête en l'air.

Les enfants venaient-ils à tomber malades ? Il les soignait avec un empressement et une tendresse que son air grave et sévère n'aurait pas laissé soupçonner. C'était un maître des temps anciens, vivant au milieu de ses élèves, les suivant partout, enchaîné à son poste, heureux de tous ces assujettissements, prodigue de lui-même jusqu'à l'excès. Ses élèves savaient l'apprécier ; aussi, après les années de pension, un conseil leur était-il nécessaire, ils revenaient le chercher près de leur ancien maître, dans cette maison où, avec le conseil nécessaire, ils étaient sûrs de trouver une hospitalité généreuse. Combien d'autres l'ont pareillement éprouvé ! A qui ne se sont point ouverts et la maison et le cœur de notre cher défunt ? L'attachement des élèves de Notre-Dame à leur ancien maître, n a pu le mesurer, le jour de ses obsèques, au nombre de ux qui sont accourus, plusieurs de bien loin, pour lui rendre n dernier hommage.

Ce sont d'utiles, mais bien obscures fonctions que celles de enseignement : la grande modestie de M. l'abbé Arnould le tint toujours dans cette obscurité. Mais ceux qui ont pu onstater la droiture et la délicatesse de ses sentiments, la agesse de ses conseils, la perspicacité de ses vues, la justesse e ses jugements, ont regretté plus d'une fois que cette lumière 'ait pas été plus en vue pour être utile à un plus grand ombre. Sur un plus vaste théâtre, quel bien n'eût-il pas fait!

Quand Mgr Meignan, en 1874, songea à transformer la maîrise de la Cathédrale en cette institution Saint-Etienne auourd'hui si prospère, M. l'abbé Arnould pensa que l'heure de a retraite venait de sonner pour lui. Il remit entre les mains e son évêque le personnel de ses élèves et son maître le plus ccrédité, pour aider à constituer le noyau de l'établissement ouveau. Il abandonna le mobilier scolaire de sa pension avec n désintéressement qui donnait à l'arrangement bien moins le aractère d'une vente que celui d'un don.

Rentré dans la vie privée, il consacra le reste de ses forces à a paroisse Notre-Dame, au milieu de laquelle s'était écoulée sa vie, qu'il avait même dirigée pendant dix mois après la nort de M. Champenois. Il se tenait à la disposition des fidèles t du clergé, toujours prêt à rendre les services qui lui étaient demandés. Sa vie resta étroitement liée à cette belle paroisse : le concours généreux qu'il ne cessait de donner aux restaurations et aux embellissements de l'édifice, en est la meilleure preuve.

Cependant, en 1878, Mgr Meignan jugea bon de proposer à M. l'abbé Arnould l'aumônerie de l'importante maison de Saint-Joseph. Le vénérable titulaire, M. Loisson de Guinaumont, accablé par le poids des ans, n'y pouvait plus suffire M. Arnould accepta. Mais la tâche était trop lourde pour un homme épuisé, comme il l'était, par le labeur d'un long enseignement ; il dut, après plusieurs années d'exercice, échanger ce poste contre l'aumônerie de la maison des Pauvres, que sa modestie, d'accord avec l'état de sa santé, lui fit accepter encore. Il ne voulait prendre du repos sur la terre qu'après avoir bien constaté que Dieu l'obligeait, par le retrait absolu de ses forces, à s'occuper désormais, à peu près exclusivement, de l'œuvre de sa propre sanctification. La constatation s'en fit douloureusement pour lui.

Il y aura quatre ans, la veille de Noël, après une journée passée à confesser les pauvres par un froid rigoureux, il rentrait chez lui vers le soir n'ayant pris dans la matinée qu'une légère réfection, quand il fut frappé en pleine rue du mal qui devait l'emporter. Il tomba évanoui. C'était la première attaque d'une paralysie lente dont la marche devait s'accentuer progressivement et se manifester par une difficulté toujours croissante dans l'usage de ses membres. Avec ses forces, ses yeux s'éteignaient aussi. A la fin, il était devenu absolument impuissant à faire aucun mouvement ; il avait totalement perdu la vue.

Dieu lui avait ménagé cette double épreuve pour nous faire voir dans leur étendue, avec le dévouement intelligent et infatigable dont il ne cessa d'être l'objet, la foi et la soumission admirables de ce prêtre vertueux. Jamais une plainte ne s'exala de ses lèvres ; il fit jusqu'au bout bon visage à l'épreuve, salua la mort comme une libératrice.

Tant qu'il put soulever ses jambes engourdies, il se traîna à lotre-Dame pour y célébrer la sainte messe, fidèle aux réso-ıtions du jour de son ordination ; l'après-dînée, il y ajoutait la isite au Saint-Sacrement, sentant mieux que jamais le besoin e l'assistance divine. Son passage à travers les rues de la cité tait marqué par le bruit de ses pas lourds et traînants qui xcitait la compassion au cœur de ceux qui l'entendaient asser.

Le déclin s'affirmait de plus en plus. Le jour de la Toussaint, près avoir pieusement communié le matin, M. l'abbé Arnould ecevait le soir les saintes onctions pour le dernier combat, et 5 novembre il rendait son âme à son Créateur. Il mourait ans la 74e année de son âge, vraiment mûr pour le ciel, uquel sa longue épreuve l'avait sûrement préparé, et qui vait été l'unique ambition de sa vie.

P. LUCOT,
Chanoine, Archiprêtre de Châlons.

Châlons, imp. Martin frères

9

www.ingramcontent.com/pod-product-compliance
Lightning Source LLC
LaVergne TN
LVHW020456230826
846091LV00008BA/3235

* 9 7 8 2 0 1 3 6 1 7 8 3 3 *